Beelzebubs Posiealbum

AF197802

Ronald Cäsar

Beelzebubs Poesiealbum

Text:© Copyright by
Ronald Cäsar
Bernhard-Kellermann-Str.4a
06366 Köthen
2016
Beelzebub@gmx.de

ISBN
978-3-7345-1299-5 (Paperback)
978-3-7345-1300-8 (Hardcover)
978-3-7345-1301-5 (e-Book)

Inhalt

Erster Teil (1 bis 50)

1.

Der Teufel hat meist leichtes Spiel,
egal für welche Ziele.
Fast gelingt ihm jeder Deal.
Drum doubeln ihn so viele.

2.

Ein Hilferuf in finstrer Nacht
hat außer Lärm gar nichts gebracht.
Drum sollte in bedrohter Lage
man Hilfe rufen nur am Tage.

3.

Manches Talent in voller Pracht
handelt unbekümmert
und auch etwas unbedacht
wenns vor der Zeit verkümmert.

4.

Oft ist gefragt unser Erbarmen
und unsre Hilfe für die Armen.
Doch ungefragt ist zu begleichen
unsere Hilfe für die Reichen.

5.

Leugnen kann man es nicht:
Oft hat kaum noch Gewicht,
was man dann unbewegt
doch auf die Goldwaage legt.

6.

Manchmal zeigt ein Mensch Gefühl.
Verwahr dich dann, bleib aber kühl.
Forsche lieber couragiert
ob fehlerhaft der programmiert.

7.

Die Frage ist ja nun in Mode,
obs Leben gibt wohl nach dem Tode.
»Wie einerlei«, entfuhrs dem Tor,
»fragt nicht ob nach, fragt ob davor! «

8.

Manches Herz, wenn was nicht flutscht,
ist in die Hose schon gerutscht.
Dort schlägts im Allgemeinen
weiter zwischen den Beinen.

9.

Vergib, oh Herr, uns unsere Sünden
und stelle uns aus Kostengründen
und überhaupt, du weißt warum,
auf Photosynthese bitte um!

10.

Wenn er nicht grad als Häftling zählt
in irgendeinem Loch,
beharrt er drauf, wenn auch gequält:
Verbrechen lohnt sich doch!

11.

Ich bin, denkt er etwas verschwommen,
gut in der Zukunft angekommen.
Das man im Jenseits ohne Leben –
nun ja, mein Gott, so ist das eben

12.

Ein Misanthrop, plötzlich einsichtig,
begann des Lebens sich zu schämen.
Und so beschloss er folgerichtig,
sichs philanthropisch selbst zu nehmen.

13.

Es scheinen manche Abkommen
bisweilen etwas verschwommen,
zu dehnbar und zu allgemein
und durchaus abkömmlich zu sein!

14.

Es wird dich wohl nicht überraschen,
wie schwer es ist, mein Kind,
die Hände in Unschuld zu waschen,
wenn es zwei linke sind!

15.

Ein Vorwort war zwar recht gescheit,
doch etwas lang und auch zu breit,
so dass, wer es im Ganzen kennt,
es fortan nur noch Vorsatz nennt.

16.

Es ist eindeutig nicht zu loben,
wird gutes Recht zur Pflicht erhoben.
Erstrebenswert ists umgekehrt:
Pflicht wird zum guten Recht erklärt!

17.

Man muss sagen, ohne zu schwätzen
und ohne es falsch einzuschätzen:
Es ist bei gewissen Gesetzen
unmöglich, sie nicht zu verletzen.

18.

Der Vorteil doppelter Moral
beruhigt zumeist die Nerven;
Grade im irdschen Jammertal
hat man ja gern Reserven.

19.

Längst schon hat man es durchschaut:
Ein Dieb in dunklen Nächten
schreit zumeist besonders laut
nach vermeintlichen Rechten.

20.

Ein Dieb zu seinem Richter sprach:
Wer immer das Gesetz auch brach –
ich nicht. Nie hat man mich gestellt.
Ich zahlte stets. Mit Fersengeld!

21.

Vieles sagte man ihm nach
und ließ oft wenig an ihm heil.
Doch wenn man schon mal Gutes sprach,
stimmte meist das Gegenteil.

22.

Ein Brett vorm Kopf zu tragen
das Schlechteste nicht ist,
wenn der etwas beschlagen
und wenns kein Holzkopf ist.

23.

Kritik pflegt uns vor allen Dingen
besonders dann gut zu gelingen,
wenn das Haar in fremden Suppen
sich als Eigene entpuppen.

24.

Er reiste inkognito
und folglich unerkannt.
Das muss uns nicht verwundern:
Er war ja auch niemand.

25.

Es ist nun mal beim Fußballspielen
genaustens auf das Tor zu zielen.
Doch beste Peilung, das ist Fakt,
nutzt wenig ohne Ballkontakt.

26.

Unsere Würde zu verletzen
strebt das Böse und Gemeine.
Doch erkennts oft mit Entsetzen:
Leute gibts, die haben keine!

27.

Ertragen muss man wohl Hohnlachen,
will man den Bock zum Gärtner machen.
Doch sinnvoll scheint die Hinterlist,
wenn selbst man eine Ziege ist.

28.

Sein jüngstes Gericht
war leider ehr schlicht
und mir ziemlich schnuppe.
Ich mag keine Suppe.

29.

Zu sozialen Heldentaten
ist niemandem wohl abzuraten.
Wohltätigkeit schmückt ungemein.
Nur profitabel muss sie sein!

30.

Kein Teufel hat die Phantasie
Böses zu tun in eigner Regie.
Drum sucht der Teufel vor seiner Tat
fundierten und folglich – menschlichen Rat.

31.

Oft sind Milchmädchen die Schlimmen,
wenn Rechnungen nicht stimmen.
Der Fortschritt aber hilft dann doch:
Die Milchmädchen gibt es kaum noch.

32.

Sollst ein Gelübde du ablegen,
beziehungsweise ein Versprechen,
musst du die Möglichkeit erwägen
es notfalls auch wieder zu brechen.

33.

Wie in einem schönen Märchen
werden zwei oftmals zum Pärchen.
Später, oft nach manchem Jahr,
werden manchmal sie zum Paar.

34.

Man muss nicht immer glänzend siegen.
Es reicht, wenn wir im Durchschnitt liegen.
Doch ist es schon bedauerlich,
dass Durchschnitt immer durchschnittlich.

35.

Man zerfetzt oft Qualität
mithilfe mancher Schrumpfdiät.
Und macht dann so (wohl mit viel Spaß)
aus Mittelpunkten Mittelmaß.

36.

Der Glaube gilt ganz permanent
für viele als ein Fundament
(das sie wohl gewissermaßen
dann vor Baubeginn vergaßen).

37.

Verzweifelt klagte sie ihr Leid:
Ständig gäbe es Ehestreit
weil er konsequent so tat
als lebe er im Zölibat.

38.

Ein Händler den Kunden freudig zurief:
Stille Wasser sind gar nicht so tief.
Sie sind nur ungeheuer
teuer.

39.

Auf Augenhöhe Umgang pflegen
kommt dann wirklich ungelegen,
wenn die, was schwer beim Pflegen wiegt,
auf Hühneraugenhöhe liegt.

40.

Fast schien es schon ein Hilfeschrei
und Folge brutaler Härte:
Ein Spezialist er sicher sei,
doch sei er kein Experte!

41.

Wohl jedes Tun in jedem Spiel,
bringt manchem wenig, manchem viel.
Es bringt und nimmt, mal dies, mal das.
Drum frage stets: Wem bringt es was?

42.

Der Mensch, der zwar vernunftbegabt,
hat meist davon nicht viel gehabt.
Vernunft scheint wohl in vielen Fällen
sich überzeugend dumm zu stellen.

43.

Die Frage stellt sich oft vergebens:
Was ist denn nun der Sinn des Lebens?
Manchmal scheint im Allgemeinen –
es hat gar keinen!

44.

Als Schwächster unter den Schwachen
erklärte er dem Publikum:
Alles muss man selber machen!
Dann brachte er sich selber um.

45.

Bei Mächtigen nimmt überhand:
Es fehlt bei vielen an Verstand.
Welch Glück für sie, dass Geistesgaben
noch weniger die andern haben.

46.

Misserfolg erfreut doch sehr.
Von den andern Leuten der.
(Wie schön doch Schadenfreude ist
wenn du ein Halunke bist!)

47.

Mit allen Wassern gewaschen
und von allen Hunden gehetzt,
kann es uns kaum überraschen:
Man ist Haut und Knochen zuletzt.

48.

Die Wegwerfgesellschaft triumphiert:
Alles entsorgt sie unkompliziert
nach seinem Ge- oder Verbrauch!
Wegwerfmenschen gibt es jetzt auch!

49.

Ich gäbe gern mich gänzlich hin
als Krönung meiner Gaben,
weil ich ein echtes Schätzchen bin.
Doch keiner will mich haben!

50.

Nicht viele streben nach Moral
als Vorbild oder Aktivist,
weil oft Moral zu radikal
und Unmoral doch schöner ist!

Zweiter Teil (51 bis 100)

51.

Aus Staub sind wir geworden,
so glauben Kirchenorden.
Bei manchem wünschte man sehr,
dass ers geblieben wär.

52.

Schaut man einen geschenkten Gaul
gelegentlich doch mal ins Maul,
erkennt man hoffentlich: Welch Glück!
Zum Schlachthof muss er nicht zurück!

53.

Liebe wirkt dann mächtig matt,
wenn man nichts zum Lieben hat.
Und was gerne fremd man triebe,
endet so in Eigenliebe.

54.

Wem die letzte Stunde schlägt,
sei von Zuversicht geprägt
und tapfer trage er sein Joch!
Sechzig Minuten hat er ja noch!

55.

Niemand muss es wohl erwähnen:
Man darf nie mit dritten Zähnen
in gewissen Sphären schweben
um dort Löffel abzugeben.

56.

Letztlich muss man nicht beweisen,
dass Sterben auch Respekt gebührt
und nicht nur bei Tattergreisen
endlich auch zum Tode führt.

57.

Die Menschheit habe Glück gehabt,
sei mit Vernunft sie doch begabt.
Vernunft, fragt man sich oft verdutzt,
warum sie die nicht mal benutzt?

58.

Wir sind, wer nicht gerade blind,
oft ja kein Augenschmaus.
Doch wenn die Bilder älter sind,
sieht man auch jünger aus.

59.

Hähne krähen zum Aufwecken.
Ich bin dagegen nicht immun.
Heut scheint sie etwas abzuschrecken!
Ich bleibe liegen! Bis sie's tun!

60.

Intelligentes Leben
ist der Menschheit gegeben.
Die Frage stellt sich explizit:
Was macht sie eigentlich damit?

61.

Irren ist menschlich,
dass glaub nicht nur ich.
Doch ists verdrießlich
irrt man ausschließlich.

62.

Günstig ist für jedermann,
wenn er nicht muss, es jedoch kann.
Zweifelhaft doch der Genuss:
Wenn er nicht kann, es aber muss.

63.

Schuster, bleib bei deinen Leisten,
verdienst du damit doch am meisten.
Das wächst beachtlich fast in Nu,
nimmst du auch Leder noch dazu!

64.

Schenk ich dir Rosen in Athen,
kann ich mich selber kaum verstehn.
Wie konnte ich bei diesen Preisen
bis nach Athen mit dir verreisen?

65.

Schenk ich dir Rosen in Tirol,
missverstehen wir uns wohl.
Mich trieb zu dieser Bergestour
nicht nur der Busen der Natur.

66.

Inkontinenz – die Rigorose –
bezieht sich gerne auf die Hose.
Doch auch oral ist sie fatal,
inkontiniert sie dort verbal.

67.

Alle erwarten und wollen,
dass Respekt wir ihnen zollen.
Doch fehlt oft denen das Gespür
uns kundzutun halbwegs wofür.

68.

Wir leiden mit der ganzen Welt.
Wir leiden. Manchmal unverstellt.
Wir leiden mit aus Bürgerpflicht.
Nur etwas kosten darf es nicht!

69.

Sie suchen laut Antragsteller
nach Leichen in meinem Keller?
Es wäre wohl zu weit getrieben
wenn sie als solche auch dort blieben?

70.

Die Quadratur des Kreises
ist selten etwas Weises.
Wer solches tut ist nicht gesund!
Selbst wenn es klappt, läuft der nicht rund!

71.

Fällt in den Brunnen mal das Kind
(wie manche Kinder oft so sind),
dann ist es nun, trotz Pietät,
für Adoptionen etwas spät!

72.

Die Menschheit, von Gott erschaffen,
kann der auch wieder hinraffen.
Doch will sie ihn nicht so gemein.
Sie macht das viel besser allein.

73.

Lügen haben kurze Beine,
meine Kleine, nicht wie deine!
Böten alle diese Sicht,
wären Lügen Bürgerpflicht.

74.

Ist trüb die Sicht und auch verstellt,
hilft selten Gott anbeten:
In viele Ärsche dieser Welt
muss man wohl selber treten!

75.

Das Beste stets zu geben
gehört zu unserem Leben.
Drum scheut nicht den Gebrauch
und nehmt es auch!

76.

Jedem Menschen – unbesehen –
muss man Wert wohl zugestehen.
Der richtet sich bei jedermann
nach dem, was man ihm nehmen kann.

77.

Sitzt du selbst auf einen Ast,
an dem sie kräftig sägen,
musst du, wenn du Sitzfleisch hast,
aufstehen bald erwägen.

78.

Da hilft auch kein Prodest
oder dass man sich rauft:
Wer sich verkaufen lässt,
der wird auch promt verkauft.

79.

Wenn man mich bei Damenwahl
einfach sitzen lässt im Saal,
scheint, dass alle Damen blind
oder aber keine sind.

80.

Liebe auf den ersten Blick
endet oft als Missgeschick.
Doch – weit weniger verschwommen –
hilft der Zweite zu entkommen.

81.

Das Wetter hängt ab von Gezeiten,
zumindest in unseren Breiten.
Jedoch weiß man leider noch nicht,
wovon wohl der Wetterbericht.

82.

Gebt dem Menschen nur die Macht
für andre zu entscheiden.
Der Teufel wird, ist dies vollbracht,
um Bosheit ihn beneiden.

83.

Spät ist es im Abendland,
vielleicht schon viel zu spät.
Schon lange bräuchte sein Verstand
ein Sauerstoffgerät.

84.

Terrorismus und Gewalt
leben oft in Missgestalt.
Bestens, weil oft unerkannt,
leben sie im Staatsgewand.

85.

Den Kopf in den Sand zu stecken
entbehrt für viele den Sinn.
Zwar lässt sich dort nichts bezwecken,
doch oft gehört er dorthin.

86.

Es ist nicht schwer zu begreifen:
Die Schere im Kopf zu schleifen
macht schnell aus diesem Teil
ein scharfes Henkerbeil.

87.

Dem Selbstmörder an seinen Strick
möchte man bedrängen:
Denke doch an dein Genick
und lass dich nicht so hängen!

88.

Hass ist in der Politik
häufig Anlass für Kritik.
Doch schätzt man höher ihn als Gift,
wenn er die Anderen betrifft.

89.

Schwer ist es Gesicht zu zeigen,
standhaft, freundlich, spiegelglatt,
weil dann kaum noch totzuschweigen,
wenn man eine Fratze hat.

90.

Revolutionen gegen Schinder
fressen gewöhnlich ihre Kinder.
Übrig bleibt nach diesem Zwist
was nicht zu verdauen ist.

91.

Die Märchenwelt ist ohne Frage
vorteilhaft in ihrer Lage.
Hier weiß man noch als guter Christ
wer der wirklich Böse ist.

92.

Freundlichkeit wird oft gewährt
bevor man praktisch dann verfährt
und uns nett aber bestimmt,
vom Brote auch die Butter nimmt.

93.

Wasser auf die Mühlen gießen
kann mitunter auch verdrießen.
Kaum einer gewinnt,
wenn es Windmühlen sind!

94.

Wenn der Koch die Suppe erklärt,
dem anspruchsvollen Esser,
wird die, auch wenn sie gut ernährt,
selten dadurch besser.

95.

Es winkt das Schicksal nicht.
Das ist so ein Tabu.
Es winkt das Schicksal nicht.
Es schlägt nur manchmal zu.

96.

Zu alt ist wohl die alte Welt.
Es fehlt ihr schwer an Schläue.
Um vieles hat man sie geprellt.
Wir bräuchten eine Neue.

97.

Das viele man verdammen muss,
ganz gleich ob Mann, ob Frau,
das zeigt uns nicht der Judaskuss,
das zeigt uns Birkenau.

98.

Lässt wer die Musik erklingen
voller Dissonanzen,
ist der bitte auch zu zwingen
selbst danach zu tanzen.

99.

Es ist nicht schlimm, wenn man nichts weiß.
Dann bleibe man halt still.
Schlimmer ist doch der Beweis,
dass man nichts wissen will.

100.

Würde Jesus heute wandeln,
wie gewohnt als Pionier,
wäre eingeschränkt sein Handeln
wohl im Rahmen von Harz vier!

Dritter Teil (101 bis150)

101.

Zählt zur Massentierhaltung
und deren Verwaltung
die Zeitungsente
als Komponente?

102.

Mit vielen trickreichen Maschen,
wenn auch dezent versteckt,
leert man gekonnt unsre Taschen
mit allergrößtem Respekt.

103.

Zutiefst spenden sie Mitgefühl.
Nichts lässt ihre Herzen kühl.
(Besonders wenn man selbst sie meuchelt
ist ihr Mitleid nicht geheuchelt.)

104.

Einsam fühlt sich der Sadist
wenn er mal alleine ist.
Da hilft auch keine bleiche
Kellerleiche.

105.

Das letzte Hemd hat keine Taschen.
Das wird nicht wirklich überraschen.
Drum trage man die ganz famose,
taschenreiche, letzte Hose.

106.

Mein Bauchgefühl, das irrt sich nie.
Das gilt als hohe Gabe.
Besonders – unter Garantie,
wenn ich schwer Durchfall habe.

107.

Der Hase, der im Pfeffer liegt,
schaut traurig immerzu.
Ihm fehlt, was ziemlich schwer ja wiegt,
zum Würzen Salz dazu.

108.

Ein Epigramm in seiner Kürze
war von besonders scharfer Würze.
Drum sei, tat uns der Autor kund,
das Epigramm ein Epipfund.

109.

Ein Auge drücke schon mal zu,
ganz ohne jede List,
wenn es nur in deinem Schuh
ein Hühnerauge ist.

110.

Wenn man die Englein singen hört,
ist man nicht immer schwer gestört
oder gar verschroben.
Man ist vielleicht schon oben!

111.

Die dümmsten Bauern erlernten
größte Kartoffeln zu ernten.
Wir sollten bildungsfernen Schichten
getrost zur Landwirtschaft verpflichten!

112.

Frei von einer Klasse,
wird die breite Masse
und selbst Außenseiter,
massiv immer breiter.

113.

Lasst uns für die Chance beten,
den Teufel in den Arsch zu treten.
(Doppelt dann der Tritt uns schmeckt
wenn sich wer darin versteckt.)

114.

Wenn die Kuh tanzt auf dem Eis,
ist es klar und jeder weiß,
da ist nicht viel dahinter.
Es ist vielleicht nur Winter.

115.

Beißt die Maus den Faden ab,
hat oft sie die Misere.
Beißt sie ihn ab obwohl der knapp,
fehlt sicher ihr die Schere!

116.

Sich Zähne auszubeißen
vermeidet mit den Dritten.
Es ist nicht gutzuheißen
die Vierten zu erbitten.

117.

Wenn dich der Affe laust,
der hier im Tierpark haust,
dann sei kein Trauerkloß!
Der irrt sich sicher bloß.

118.

Auch wenn man es dir erlaubt:
Streu dir Asche nie aufs Haupt!
Meistens kehrst du selbst den Dreck
später dann auch wieder weg.

119.

Die große deutsche Mittelschicht
macht manchen schlechten Spaß.
Sie glaubt, sie sei ein Schwergewicht
und mehr als Mittelmaß.

120.

Die Reichen und Schönen dieser Welt
sind selten auch die Stummen.
Es zeigt sich klar, was oft gefällt:
Meist sind es auch die Dummen!

121.

Auf der weißen Weste schrecken
allzu häufig dunkle Flecken.
Gott sei Dank gilt als adrett,
trägt man drüber ein Jackett.

122.

Nicht jeder der im Drecke liegt,
tut das als altes Schwein.
Auch wenn es sittlich schwerer wiegt,
kanns auch ein junges sein.

123.

Wenn deine Welt zusammenbricht,
verzweifle nicht, verzweifle nicht!
(Nur solltest du am nächsten Morgen
alle Trümmer rasch entsorgen.)

124.

Hat der Bauer den Hühnerstall
abzuschließen vergessen,
werden die Tiere im Einzelfall
wie in der Fabel gefressen.

125.

Flugangst ist schon ein Problem.
Nur weniges ist schlimmer.
Statistik aber zeigt extrem:
Runter kommt man immer!

126.

Den erhobenen Zeigefinger
schätzt man meistens viel geringer
als den ganz nach breiter Sitte
steifen Finger in der Mitte.

127.

Ein steiler Zahn
mit Größenwahn
hat sehr gelitten
unter den Dritten.

128.

Schwer muss man sich schinden
den Schlüssel zu finden –
zum Glück. Und dann noch
zum Schlüssel das Loch.

129.

Alles bleibt so wie es ist,
wünscht sich selbst der Moralist.
So bleibt alles wie gewohnt,
weil Moral sich ja nicht lohnt.

130.

Wenn dir der Arsch auf Grundeis geht,
trotz möglicher Entfaltung,
achte, dass er stramm dir steht,
also auf Körperhaltung!

131.

Die Reichen halten sich für arm,
die Armen sich für reich.
Die Mitte, stolz im Reichendarm,
hält sich für Reichengleich.

132.

Es ist nicht deine Schärfe,
die ich dir hier vorwerfe.
Es ist – in aller Kürze,
die stark vermisste Würze.

133.

Vernetzt zu sein in bester Güte,
steht in allerhöchster Blüte.
Zum Streitobjekt dies nur erhebt,
wer als Fisch im Wasser lebt.

134.

Korruption, wohltemperiert,
wird gewöhnlich akzeptiert,
wenn bei uns sie auch verweilt
und fair der Korrumpierte teilt.

135.

Wenn die Hoffnung stirbt zuletzt
und sucht nach ihren Frieden,
fragt man sich oft ganz entsetzt:
Wer ist vor ihr verschieden?

136.

Gesellschaft ist dann pervertiert
wenn sie Tabus favorisiert
und danach strebt, ganz unbeirrt,
dass Würde selbst zur Ware wird.

137.

Profit in seiner netten Form
genießt sich ungestört,
wenn sein Wachstum ganz enorm
und wenn er uns gehört.

138.

Armut hierzulande
gilt gerne dann als Schande,
wenn sie haarscharf uns umschifft
und die anderen betrifft.

139.

Wenn der Henker wieder köpft
und der Schöpfer wieder schöpft
und selbst der Trinker sich nicht schont,
dann läuft alles wie gewohnt.

140.

Selten hat man Spaß daran
(und besser man verschwände)
wird, was ja passieren kann,
es wirklich ernst am Ende.

141.

Greift man nach Fakten und Beweisen
um die Wahrheit lob zu preisen,
sind die selten ausgereift
wenn man aus der Luft sie greift.

142.

Leichter sind zu übergehen
Chefs, die uns wohl nie verstehen,
wenn man sie (wie schon bewährt)
vorm Übergehen – überfährt.

143.

Von Synapsen, ist ja klar,
spricht man kaum im Singular.
Doch werden manche nähr beschrieben,
scheint auch der Plural übertrieben!

144.

Löffle nie die Suppe aus,
die andere dir einbrocken.
(Doch ist es nur ihr Leichenschmaus,
dann lass dich gern verlocken!)

145.

Der Kriegspfad sei, fand man entsetzt,
nicht mehr zu passieren.
Drum plane man pragmatisch jetzt,
ihn zu betonieren.

146.

Fast schien der Notstand ausgebrochen,
man fühlte sich todsterbenskrank.
Doch schnell hat sich herumgesprochen,
es fehlten Tassen nur im Schrank.

147.

Erlaubt sei der Verweis,
auch wenn sich wer beschwert:
Oft hat den höchsten Preis,
was nur von kleinstem Wert.

148.

Bescheidenheit sei seine Art,
wie er gern sich offenbart.
So denke er vorurteilsfrei,
dass er nur Zweitgrößter sei!

149.

Jeder hastet, jeder rennt,
dass niemand bloß einknicke.
Kürzer werden permanent
selbst die Augenblicke.

150.

Arbeit ist dann nicht so hart,
(fast ist es schon zum Lachen),
wird sie nicht zum eignen Part,
weil andere sie machen.

Vierter Teil (151 bis 200)

151.

Würde ist gar nicht so schlecht!
Sie gilt sogar als Menschenrecht.
Jeder achtet sie alsdann,
bis er dran verdienen kann.

152.

Abschied sei ein scharfes Schwert,
besingen schon die Lieder.
Doch ist er des Gesangs auch wert?
Man kommt doch bloß nicht wieder!

153.

Kläglich jammern oft die Greise
weil die Zeit wohl etwas drückt
und gelebte Lebensweise
wenig kleidet oder schmückt.

154.

Niemals sollte man sich scheuen
in die Wunde Salz zu streuen.
Oft erscheint auch opportun
etwas Pfeffer drauf zu tun.

155.

Bleiben Fragen offen,
ist nur darauf zu hoffen,
sie enden, schwer geschunden,
nicht als offene Wunden.

156.

Weit ist mancher ja gekommen.
Manchmal ziemlich skrupellos.
Doch sieht man oft, genaugenommen,
runtergekommen ist der bloß.

157.

Bleibt der Dumme dumm
und der Kluge gescheit,
gilt das als Optimum
für Planungssicherheit.

158.

Die Ehe gilt als Missgeschick
für manchen armen Knaben.
Das stellen fest – mit Kennerblick,
die hinter sich sie haben.

159.

Schuldige sind leicht zu finden,
leichter noch als zu verstehn.
(Nur muss man sich mal überwinden
und in den Spiegel hinein sehn.)

160.

Fliegt dir mal was um die Ohren,
voller Kraft und Hinterlist,
gib erst alles dann verloren
wenn der eigne Kopf es ist!

161.

So mancher Stein, als Lehrbeispiel,
mir bisher schon vom Herzen fiel.
Der Stein des Weisen – zweifelsfrei,
war leider aber nicht dabei.

162.

Als Mägdelein in jungem Jahr
ging oft sie in die Falle:
Der Frosch, den sie geküsst als Star,
war stets statt Prinz nur Qualle.

163.

Steckt der Teufel im Detail,
kündet meist das von Unheil.
Wem solches aber nicht erschreckt,
weiß endlich, wo der Kerl nun steckt.

164.

Nach tausenden von Jahren
noch immer schwer verwirrt,
will endlich man erfahren,
ob Menschheit menschlich wird.

165.

Zu ihren Göttern beten
sie mit Zuversicht
und merken bald betreten:
Ihr Geld erhört sie nicht!

166.

Ein reiches Land ist dann nur reich
wenn es trotz Gegenwind,
gerecht und frei und auch zugleich
es wirklich alle sind.

167.

Sie schwatzen wie die Narren,
so dumm auch und so blind.
Man muss schon drauf beharren,
dass es auch solche sind.

168.

Nach tausend Jahren und noch mehr,
hat sich offenbart:
Die Menschheit zählt, trotz Gegenwehr,
zur bedrohten Art.

169.

Ein Wort beschreibt die Politik
in dieser deutschen Republik
ganz klar und unbenommen:
Verkommen!

170.

Die Schwarze Null schlug wieder zu
und traf gezielt die Rote.
Die schlug zurück und hat nun Ruh
dank ihrer Abschussquote.

171.

Das Ende vom Lied
ist gar nicht das Schlimme,
wenn sonst nichts geschieht
als Verstummen der Stimme.

172.

Die Schwätzer, die Wahren,
zu Höherem neigen,
wenn Worte sie sparen
und vielsagend schweigen.

173.

Der Teufel klagt,
weil Gott es wagt
und ihm gestresst
die Welt überlässt.

174.

Es sprach der Reiche zum Armen:
» Mag Gott sich deiner erbarmen!
Bei mir reicht ein Gott leider nicht.
Ich brauche das Höchste Gericht! «

175.

Toleranz hat Grenzen dort,
spricht wer frech ein Widerwort.
Jeden Anstand man vermisst,
wenn wer andrer Meinung ist.

176.

Der Wolf wird dann nicht netter
und auch kein Lebensretter,
wenn er – vom letzten Fressen satt –
sein Opfer nicht gerissen hat.

177.

Vorangekommen ein gutes Stück
ist man beim Wägen von Liebe und Glück.
Auf größte Klarheit versessen
wird nun in Euro gemessen!

178.

Es gilt ein wenig aufzupassen,
will man die Seele baumeln lassen:
Man tue das keinesfalls
am eigenen Hals!

179.

Geld regierte nie die Welt.
Das wäre überspitzt.
Dies tut, auch wenn es uns missfällt,
stets nur, wer es besitzt.

180.

Ein Blick durchs Schlüsselloch,
den kaum man je vergisst,
entsetzt den Späher doch,
wenn es das eigne ist.

181.

Willst du wem das Wasser reichen,
prüfe vorher diesen Mann,
ob ers benutzt, dich einzuweichen
und ob er es auch halten kann!

182.

Unter Gürtellinien schlagen
gilt als unfein und als Gift
und als menschliches Versagen,
wenn es den Richtigen mal trifft.

183.

Empathie in ihrer Form
ist wohl nicht gewohnte Norm.
Gerade wenn man gern sie fänd,
ist sie kaum Spurenelement.

184.

Der Rand der Gesellschaft
(meist Außenseiter)
wird leider sprunghaft
auch immer breiter.

185.

Auf Zehenspitzen gehen
ist leichter zu verstehen,
wenn des Gehers Füße platt
und er Hühneraugen hat.

186.

Ein Schnäppchenjäger nach der Jagd,
hat seinen Händler nun verklagt,
weil der ihn krass zum Nichtstun drängte
und ihm die Schnäppchen einfach schenkte.

187.

Reitest du ein lahmes Pferd
ist größte Vorsicht nicht verkehrt.
Prüfe genau (bei einer Rast)
ob zu dir das Tier auch passt.

188.

Opportun ist was auch dann,
wenn man nicht muss und auch nicht kann,
doch weil es passt exakt
trotzdem kackt!

189.

Manche lieben muss man nicht!
Oft sind die gottverlassen,
ohne Würde und Gesicht.
Es reicht, sie nicht zu hassen!

190.

Hätte ich der Wünsche drei,
hätte ich drei Wünsche frei,
wünschte ich mir sehr
es wären mehr.

191.

Der Teufel hat den Schnaps gemacht,
wohlüberlegt und wohldurchdacht,
bei größter Übersicht.
Drum säuft er ihn auch nicht.

192.

Die Forschung folgt der Grundtendenz:
Auch künstlich sei Intelligenz!
Erfolg wünscht man dem ungemein,
wirds doch die Einzige bald sein.

193.

Sind die Katzen alle grau,
weiß selbst der Dumme ganz genau
(und zieht zumindest in Betracht),
dass ziemlich finster diese Nacht.

194.

Als Gott in seinem Hauptberuf
den Menschen (und die Welt) erschuf,
erkannte er als kluger Mann:
Man soll nicht tut, was man nicht kann!

195.

Als Pazifist,
der du ja bist,
solltest du beim Schlichten
auf Gegenwehr verzichten.

196.

Die Frage scheint mir recht vakant,
doch wird sie gern verschwiegen:
Darf man in seinem Ruhestand
gelegentlich auch liegen?

197.

Man lässt nicht jeden sterben!
So ist zu bilanzieren.
Man lässt nicht jeden sterben.
Man lässt oft nur krepieren!

198.

Gewinn in seiner höchsten Form
ist Kampfziel der Elite.
Gewinn aus allem ist die Norm.
Selbst Gott bringt schon Rendite.

199.

Gesicht zu zeigen
findet oft statt,
auch wenn arteigen
man gar keins hat.

200.

Kostet etwas Menschenleben
gebe man sich gottergeben,
schwer betroffen, doch dankbar,
weil es das eigene nicht war.

Fünfter Teil (201 bis 250)

201.

Allgemeinheitsinteressen
pflegt man gerne angemessen,
da ihr Wert steigt pfeilgeschwind,
wenn es die Eigenen auch sind.

202.

Schutzengel, beißt oft der Spott,
schickt bei Bedarf der Liebe Gott.
Doch sei in Gottes Reich normal
das Fehlen meist von Personal.

203.

Es erwartet nie zuviel
der erfahrene Tourist.
Nur dass auch sein Reiseziel
ähnlich wie zu Hause ist.

204.

Läuft etwas nicht so wie es soll,
unverständlich irgendwie,
macht man einfach würdevoll
eine neue Theorie.

205.

Der Mensch als Schöpfungskrone?
Hier täuscht wohl der Eindruck.
Oft zählt der zweifelsohne
nicht mal zum Modeschmuck!

206.

Nächstenliebe aufzubringen
will nicht jedem gleich gelingen.
Darum so manche ernsthaft sinnen
mit Eigenliebe zu beginnen.

207.

Ihr Volk heimlich verfluchen
oft Herrscher wutverzerrt
und würden ein Neues gern suchen,
doch sind die einander gleichwert.

208.

Sie nennen sich Eliten
mit leichtem Federstrich.
Dabei sind es nur Nieten
und ziemlich jämmerlich!

209.

Gemeinwohl wird gern umfrisiert,
oft süffisant und raffiniert
und manchmal auch frivol,
zum ganz gemeinen Wohl.

210.

Stolz verteilen sie Almosen
und feiern sich in Heldenposen
und retten, glauben sie, die Welt,
die schamlos vorher sie geprellt.

211.

Die nackte Wahrheit
vieles dann lähmt,
wenn sie der Nacktheit
wegen sich schämt.

212.

Der beste Mann,
der auch was kann,
ist oft – genau –
eine Frau!

213.

Auch schwarze Schafe bleiben,
egal wie toll sie es treiben
und selbst bei Todesstrafe –
Schafe!

214.

Schäden kollateraler Art
werden oft erst offenbart
und von Fragen überschattet,
nachdem man sie bestattet.

215.

In manchem Staatsdienst
brauchen selbst Flaschen
für ihren Verdienst
sehr große Taschen.

216.

Es werde dir im Leben
an Jahren reich gegeben.
Doch magst du auch erfahren
mehr Leben in den Jahren!

217.

Von Reichen und von Schönen
lässt man sich gern verwöhnen.
Das klappt nicht immer sorgenfrei.
Auch Dumme sind oft mit dabei.

218.

Bist du mal wieder voll Elan
und willst schaffen, ganz spontan
und bist auch guten Mutes –
dann tu doch mal was Gutes!

219.

Die Würde ist nicht anzutasten,
auch nicht bei nicht Angepassten.
Und auch nicht, wenn Bares winkt.
Nur wenn es Rendite bringt!

220.

Manches zweifelhafte Subjekt
fordert allergrößten Respekt.
Doch niemand fragt die Kreatur:
Respekt? Wofür? Wofür denn nur?

221.

Mancher streut sich Asche aufs Haupt,
weil er sich so entlastet glaubt.
Doch hilft kein milder Sommerwind
wenn Eruptionen nötig sind.

222.

Ein guter Hahn wird selten fett.
Zumindest die ich kenne.
Drum esse man statt Hahnkotelett
doch besser von der Henne!

223.

Auf die eigene Meinung ein Recht
hat das ganze Menschengeschlecht.
(Doch ratsam ist, wenn die missfällt,
dass man sie für sich behält.)

224.

Zurückhaltend zu sein ist schwer,
läuft wenig nur noch wie bisher.
Es gibt kaum Grund zum Happyend
ist man nun doch inkontinent.

225.

Der Pazifist – hoch lebe er!
Es hat ein Pazifist ja schwer.
Doch zählt auch der als ganzer Mann,
solange er noch schießen kann.

226.

Der Kardiologe spricht:
Herzen reparier ich nicht,
die schon bei leichtem Gegenwind
einfach so gebrochen sind.

227.

Bist du auf den Hund gekommen
und der hat dich aufgenommen,
solltet ihr euch gut verstehn –
es könnte auch noch tiefer gehn!

228.

Steck in einem Freudenhaus
besser nie die Zunge raus!
Man weiß nie – selbst unbeweibt –
wo sie letztlich stecken bleibt.

229.

Ein adoptiertes Kuckucksei,
das konnte man nicht lieben.
Man hätte lieber vogelfrei
es vorher abgetrieben.

230.

Ein Hahn, der wurde jüngst verbannt,
weil er nicht recht schien bei Verstand.
Ein Huhn nur liebte er und schmollte,
weil er doch alle lieben sollte.

231.

Als der Kater noch als Held
gestiefelt glänzte in der Welt,
war lobenswert vor allen Dingen,
dass Katzen noch die Mäuse fingen!

232.

Manchmal legt ein Huhn ein Ei.
Als Huhn ist da nicht viel dabei.
Jedoch wähnt man sich schwer im Wahn,
tut dies kein Huhn, sondern ein Hahn.

233.

Sie bot mir eine Liebesnacht.
Doch ich habs nicht mit ihr gemacht.
Ich ließ sie liegen, wo sie lag.
Liebesnacht? Am Vormittag?!

234.

Der letzte Tropfen, der lose,
geht gewöhnlich in die Hose.
Oft ist das nicht das Schwerste –
tut das bereits der Erste!

235.

Der böse Wolf – der aus dem Märchen,
fraß nur Krähen, keine Lerchen.
Darum verlieh man auf Geheiß
ihm für Gesangskultur den Preis.

236.

Nicht nur Elefanten
(die uncharmanten)
machen Schäden
in Porzellanläden!

237.

Die wilden Tiere
an Fressbegierde
schlägt nur die Meute
gesättigter Leute.

238.

Irreführend sind
gerade bei Gegenwind
und schlechter Pflege:
Umwege.

239.

Land der Dichter und Denker?
Land der Weltenlenker?
Verschämt muss man verstummen
in diesem Land der Dummen!

240.

Den Gürtel enger zu schnallen
erregt heut kaum Missfallen,
wenn die Hose, die er hält
keinesfalls den Po entstellt.

241.

Wenn Gehirn nur Leihgut wäre
sähen manche es als Ehre,
gäben sie das gute Stück
ziemlich unbenutzt zurück!

242.

Die Welt ist nicht für uns gemacht!
Für Menschen ist sie nicht gedacht!
Was wohl die Leute dazu treibt
alles zu tun, dass das so bleibt?

243.

Heimat ist auch zu beschreiben
als einen Ort, wo jedermann
(und nach wüstem Einverleiben)
einfach prima kacken kann.

244.

Oft fordern gewisse Begehren,
mit eisernen Besen zu kehren
und finden kaum verdammenswert,
wird alles unter den Teppich gekehrt.

245.

Ich gebe dir, wenn du nur willst,
zwar nicht ganz jungferlich,
doch wenn du meine Sehnsucht stillst,
geb ich dir einfach mich.

246.

Bei jeder Plauderei
sind die Gedanken frei,
wenn man sich leicht verstellt
und sie für sich behält.

247.

Da Hexen Besen reiten
ist schwerlich zu bestreiten,
dass viele dieser Gören
im Haushalt letztlich stören.

248.

Man muss es erwähnen:
Über Krokodilstränen
kann man nur gähnen
vor Krokodilszähnen.

249.

Der Zeitgeist spukt in seiner Pracht
(oder auch Missgestalt)
in mancher schaurig – trüben Nacht
und scheint schon ganz schön alt.

250.

Es ist in meiner Suppe
ein Haar darin mir schnuppe.
Doch überspannt scheint die Idee,
hängt das Haar noch am Toupet.

Sechster Teil (251 bis 300)

251.

Sie fordern Solidarität!
Doch selbst der deutsche Michel rät:
Zu rasantes Schlachtgewühl
ersticke man durch Mitgefühl!

252.

Gemeinwohl ist ein hehres Ziel,
das zwar zum Sparen zwingt
gekonnt jedoch als Hasardspiel
Rendite reichlich bringt.

253.

Träume werden manchmal wahr,
trotz erheblicher Gefahr,
dass sie Böses offenbaren,
weil Alpträume es nur waren.

254.

Ob Linke, Rechte oder Grüne –
oft thronen sie auf der Tribüne
und sollten doch von vornherein
in der Arena Kämpfer sein!

255.

Der Pharmariese, heilerprobt,
vermeidet Tod und Killen.
Er hat dagegen, hochgelobt,
ganz wunderbare Pillen.

256.

Lass die Hosen nur dann runter,
hast du Unterhosen drunter.
Oder du rechnest, geradeheraus,
mit Applaus!

257.

Könnten manche reden,
weil Gott das plötzlich will
und Klugheit gäbe jeden–
wären die dann still?

258.

Keine Parlamentsdebatte,
die zum Ziel den Wohlstand hatte,
verwies auf Volksvertreterlohn.
Denn Wohlstand dort, den gab es schon!

259.

Steter Tropfen höhlt den Stein.
Das mag ja in der Tat so sein.
Nur meinen manche Gastgeber,
er höhle auch die Leber!

260.

Wenn zwei sich streiten
und Ärger bereiten,
dann wäre bitte
ich gern der Dritte.

261.

Was nützt es nach vorne zu schauen
kann man seinen Augen nicht trauen,
weil die sich dem Mainstream ergaben
und Tomaten darauf haben.

262.

Große Fische, auch die stinken,
können leider nicht ertrinken.
Die muss man – selbst bei Missbehagen –
erschlagen!

263.

Auf einem Auge blind
(wie es die meisten sind)
dann nicht besonders juckt,
wenn gar nicht man hinguckt.

264.

Man hat dem Volk aufs Maul geschaut
und stellte dabei fest:
Es ist nur dann etwas vorlaut
wenn mans nicht reden lässt.

265.

Viele Köche verderben den Brei?
Mag sein, doch was soll das Geschrei?
Sie sind auch drauf versessen
ihn selber aufzufressen!

266.

Schuld hat nur der Pathologe
(und hat Fehler wohl gemacht),
führt die Leiche Monologe,
über die sie dann noch lacht!

267.

Auf Augenhöhe, freundschaftlich,
begegnen nette Menschen sich.
Bei Klugen ist bei Nahkontakt
Herzenshöhe auch ein Fakt!

268.

Die weiße Weste empfehle
man jedem Bösewicht.
Die Farbe seiner Seele
sieht man ja darauf nicht.

269.

Die kleinsten der Kleinen Fische
(wenn sie ein Großer beriet)
decken am reichsten die Tische,
über die man später sie zieht.

270.

Ein Bläser, weil er kaum geübt,
sah seine Zukunft eingetrübt.
Dazu – erschwerend – kam dann noch,
er blies schon auf dem letzten Loch!

271.

Gemeinsame Werte im Euroland
werden nunmehr kurzerhand
doch etwas pflichtvergessen
in Euro gern gemessen.

272.

Lässt du mal die Hose runter
(wenn auch etwa nur Halbmast)
achte, dass zumindest drunter
du ein Höschen noch anhast!

273.

Sind Tausende nackt
dann ist wohl Fakt,
dass in Socken einer,
ein König, ein kleiner.

274.

Sind Reviere
für Haustiere
auch Neubaublöcke
samt Sündenböcke?

275.

Die Wut im Bauch
findet dort statt,
damit nach Gebrauch
man Bauchschmerzen hat!

276.

Körperteile, schwer blessiert,
werden oftmals amputiert.
Doch mangelhaft scheint der Verzicht,
denn Köpfe amputiert man nicht!

277.

Das Erste, was man lobend nannte,
weil man darin Sinn erkannte,
(den er tunlichst sonst vermied)
war – gutgemacht – sein Suizid!

278.

Fehlt dem Menschen irgendwann,
was er hinterlassen kann,
fehlt was zum Vererben,
sollte er nicht sterben!

279.

Wenn die Glocken leise klingen
und wir Weihnachtslieder singen,
weiß der Karpfen ganz genau,
in einer Woche ist er blau.

280.

Bei großem Gewimmel
im siebten Himmel
wünscht zweifelsfrei,
dass im Achten man sei.

281.

Gegen manche Therapie
(wenn wir denn aus ihr erwachen)
hilft nur wirklich irgendwie
eine Therapie zu machen.

282.

Sagt die Wirtschaft: Das ist gut
und so preiswert absolut,
sagt oft Moral darauf mit Feuer:
Das ist nicht gut, dass ist nur teuer!

283.

Auf Sicht zu fahren
erhöht die Gefahren,
wenn der Fahrer vergisst,
dass blind er ist.

284.

Ganz unten in der Nahrungskette,
braucht man selten, jede Wette,
ein eigenes Jagdgebiet,
Geschmack und Appetit.

285.

Fehlt jede Spur,
liegt das oft nur,
weil – oft verflucht –
man gar nicht sucht!

286.

Spuckst du wem in die Suppe,
ist dem das oft schnuppe,
weil viele indessen
fast alles fressen.

287.

Ganz allgemein man ja versteht,
damit es allen besser geht,
kann man nur heiß empfehlen:
Hart arbeiten? Nein, stehlen!

288.

Wer niemals auf die Schnauze fiel,
dient gerne uns als Lehrbeispiel,
wenn er geschickt auf eignen Knochen
und eignen Bauch stets nur gekrochen.

289.

Tarnung ist oft unentbehrlich
und hat manches schon gebracht.
Doch lebt es trotzdem sich gefährlich
als schwarzes Schaf in dunkler Nacht.

290.

Man zählt Volksbildung oft ganz schlicht
zum Menschenrecht und auch zur Pflicht.
Doch ist dies Wissen tief verschollen,
weil sie oft gar nichts wissen wollen!

291.

Fressen und gefressen werden
gibt oft Anlass für Beschwerden.
Das erste klappt meist irgendwie,
beim Zweiten aber murren sie.

292.

Demokratisch nun rumtollen
dürfen sie, wenn sie nur wollen,
solange sie brav hören
und sonst nicht weiter stören.

293.

Gerne retten wir die Welt,
wird dieser Auftrag uns gestellt.
Doch unser Eifer sich bemisst,
wie hoch das Entgelt dafür ist.

294.

Vielleicht beginnt an einem Morgen
das Leben mal ganz ohne Sorgen.
(Wahrscheinlich in dem Fall doch ist,
dass du dann gestorben bist.)

295.

Im Schafspelz den Wolf zu finden
ist einfacher zu verwinden,
als im gleichen Pelz im Schlaf
ein Schaf!

296.

Man muss so viel nicht geben
soll jeder besser leben.
Es reicht oft ganz bestimmt,
wenn man nicht soviel nimmt!

297.

Treffen Narren auf Narren,
dann schiebt man den Karren
zum närrischen Zweck
noch mehr in den Dreck!

298.

Der endlich mühsam
der Hölle entkam
nun lauthals pries
das Paradies.

299.

Für die Solidarität
ist es viel zu spät,
gibts die nur als Idee
vom Portemonnaie!

300.

Da machen sie die Welt kaputt
mit Müll, mit Abfall und mit Schutt
und alle stehen nur dabei
und hoffen, das sei kostenfrei.

Siebter Teil (301 bis 350)

301.

Freiheit wird in Aussicht gestellt
vielen Wählern dieser Welt.
Dann fragt man sie gleich nach den Wahlen:
Freiheit? Gerne! Könnt ihr zahlen?

302.

Sie wollen Blutvergießen
und dies auch noch genießen,
weil zu anderem vielleicht
ihr Hirn einfach nicht reicht!

303.

Sie retten Banken
wenn diese schwanken
und haben indessen
die Menschen vergessen!

304.

Wenn Gute nur ruhn
und Gutes kaum tun
machen unumwunden
Böse Überstunden!

305.

Scheidung war nie ein Thema.
Zu still als Schlussakkord,
zu abgenutzt das Schema.
Drum war er entschieden für Mord!

306.

Nicht mal eines als Souvenir!
Das Herz will fast verbluten.
Kein gutes Haar ließ man an dir.
Die Glatze ließ es vermuten!

307.

Wenn in China wie bestellt
ein Sack Reis manchmal umfällt,
schließt Fernost daraus dann bloß,
auch bei uns sei nicht viel los.

308.

Erklärst du etwas lang und breit,
dann nimm dir ruhig genügend Zeit
und sei kein Leichtgewicht:
Vergiss die Tiefe nicht!

309.

Wie Hansdampf in allen Gassen
muss nicht jeder Dampf ablassen.
Tut man es doch – ein Schelmenstück,
wird aus Hansdampf nie Hans im Glück!

310.

Das Krankheitsbild der Frau,
die so dann kaum noch kann,
gilt oft als Supergau
und tragisch – für den Mann.

311.

Mancher wähnt sich extrastark
in seiner Heldenpose.
Tatsächlich ist er Magerquark.
Den Kerl macht nicht die Hose!

312.

Seit Frau Holle radikal
und stark neoliberal,
ist Goldmarie zwar frei von Gier,
doch lebt sie fortan von Harz vier.

313.

Als der Wolf die Oma fraß
und Rotkäppchen nicht vergaß,
erkannte der, wie schnell ein Mann
sich auch überfressen kann!

314.

Manche Fakten machen blind
(so wie Fakten manchmal sind)
Man sucht darum sein Seelenheil
oft ganz beruhigt im Vorurteil.

315.

Halt die Augen weit offen,
dann darfst du auch hoffen,
dass du Durchblick genießt
und bald etwas siehst!

316.

Man hat mit manchem Vorurteil
so vieles schon ertragen,
weil dies – gleich einem Henkersbeil –
die Wahrheit längst erschlagen.

317.

Die öffentliche Hand
hat manchen schon verdrossen,
denn meistens leider fand
man sicher sie verschlossen.

318.

Fast zählt als Anekdote
der Drang zur Frauenquote.
Man stutzt in manchem Falle,
weil weibisch sie dort alle!

319.

»Unerforschlich sind die Wege des Herrn«,
predigt nicht der Priester nur gern.
Der Herr aber mit seinen Gaben,
muss sich wohl verlaufen haben.

320.

Vorwürfe sind doppelt schwer,
wirft man sie wem hinterher.
(Doch hat man einen guten Tag,
wird oft der Vorwurf zum Vorschlag.)

321.

Wer sich lautstark empört
und doch die Welt zerstört
mit eigenen Allianzen?
Die Dummheit hat beste Chancen!

322.

Demokratie ist heute oft nur
gut getarnte Diktatur:
Die Niedertracht beherrscht gescheit
die Ignoranz und die Dummheit.

323.

Man muss Almosen nicht geben
denen mit Hundeleben.
Der Weise jedoch klug empfiehlt,
dass jenen man nicht so viel stiehlt.

324.

Ein Standpunkt ist ja richtig toll
und auch ziemlich eindrucksvoll.
Doch stört er nur, hat man derzeit
eine Sitzgelegenheit!

325.

Man ist nicht immer geistesgestört,
wenn man die Englein singen hört
und selten auch verschroben.
Man ist vielleicht schon oben!

326.

Man ahnt, dass die Vernunft diskret
mit der Menschheit untergeht.
Manche glauben mit Argwohn
eigentlich sei sie das schon!

327.

Manche Leute, ganz Frohgemute,
kennen an Laune nur die Gute!
Und so gieren sie nach Applaus
und lassen die an andere aus!

328.

Wünscht du zum Teufel auch mal wen,
er möge doch zur Hölle gehn,
mag die Freude dich begleiten
diese selbst ihm zu bereiten!

329.

Trifft dich eine Lebenskrise,
ist Durchzuhalten die Devise!
Trifft sie dich nicht, dann gilt ganz schlicht:
Eine Devise gibt es nicht!

330.

Will man begeistert dir allein
einen Heiligenschein verleihn –
dann lehne ab! Für diesen Schein
muss man sehr tot und Leiche sein!

331.

Drängele ruhig dich hin zum Licht!
Zum Sehen aber tu das nicht.
Zum Sehen reicht das Licht auch matt.
Im Drüben find das Meiste statt.

332.

Auf wessen Schultern du auch stehst
und traurig so um Hilfe flehst:
Steht dir das Wasser bis zum Hals
seis eine Nixe jedenfalls!

333.

Schläge sind kaum zu verhindern,
doch vielleicht stark abzumindern.
Schicksalsschläge, selbst die frommen,
mögen nur gepolstert kommen!

334.

Allgemein hört man oft sagen,
geht die Liebe durch den Magen.
Doch wohin geht denn jedes Ding,
das je durch einen Magen ging?

335.

Eigen sei dir das Gebot:
Nimm nie die Butter wem vom Brot!
Nimm lieber, wenn du klüger bist,
was auf der Butter vom Brot ist.

336.

Scheint dich manches zu verbrennen
oder wild zu überrennen,
nimm es hin als Flegelei
und schalt die Seele auf Standby!

337.

Es ist nicht gutzuheißen,
Wunden aufzureißen
zum allgemeinen Schrecken,
nur um sie zu lecken!

338.

Wäre ich ein Meisterkoch
von Suppen und Salaten,
würde ich dir trotzdem noch
gern Extrawürste braten.

339.

Manchmal fühlt man sich so matt,
es will dann nicht gelingen,
wenn man einen Schatten hat,
darüber noch zu springen!

340.

Es ist dem innern Schweinehund,
beginnt sich der zu regen,
nicht nur in einem Ehebund
ein Maulkorb anzulegen!

341.

Herrscht Unordnung von eigener Hand
und scheust du schwer den Zeitaufwand
für deinen Ordnungssinn:
Dann schau einfach nicht hin!

342.

Als der Herr die Menschen erschuf
(noch nicht in seinem Hauptberuf)
erschuf er auch die Denkerstirn –
wahlweise mit und ohne Hirn!

343.

Die Show muss weitergehen,
dass ist ja zu verstehen.
Jedoch – trotz höchstem Verbrauch –
das Leben muss es auch!

344.

Geistigen Brandstiftern
und Brunnenvergiftern
fehlt, was sie erflehen:
zündende Ideen!

345.

Politik gespielter Größe
gibt sich selten eine Blöße.
Stattdessen manchen Ritterschlag,
dass man wie Ritter kotzen mag.

346.

Vom Kuchen wollen viele ein Stück
und sehen darin ihr Lebensglück.
Andere, weniger zimperlich,
wollen den ganzen Kuchen für sich.

347.

Jeder sei schuldig und wird so genannt,
der Arme, der Kranke, der Asylant.
Nur einer dem Schuldlosen gleiche:
Natürlich! Schuldlos sei der Reiche!

348.

Oft wird der Liebe widersprochen
und die Herzen so gebrochen.
Dann bleibt nur daran zu denken
sein Defektes zu verschenken.

349.

Vom Volke geht sie aus – die Macht.
Ein wenig tut sie es unbedacht
und fraglich scheint der Sinn:
Denn wenn sie geht, wo geht sie hin?

350.

Sie leben nicht!
Sie tun nur schlicht
was andere diktieren!
Sie optimieren!

Achter Teil (351 – 400)

351

Der Teufel wandelte einst lang
auf Erden – wohl aus Wissensdrang,
um alles klug zu sichten
und sich die Hölle einzurichten!

352.

Dummheit ist in vielen Fällen
und in der Regel unbeliebt.
Doch fällt es schwer, sie abzustellen
weil es kaum Gegenmittel gibt.

353.

Auf hohem Ross oft Leute traben,
die selbst im Kopf nur Hintern haben,
für die die hässlichste Schimäre
noch viel zu schön zum Reiten wäre.

354.

Ein Höllenhund es wohl sein muss,
heißt dieses Tier schlicht Zerberus.
Doch Zutrauen beruhigt man schöpfe!
Kein Tier ist schlecht, hat es drei Köpfe!

355.

Manches Glückslos führt zum Glück,
gibt man einfach es zurück.
(und nimmt es wie ein Humorist,
wenn es nur eine Niete ist!)

356.

Professionell sein wollen viele.
(Sind das auch selten ihre Ziele)
Professionell man gerne protzt,
wenn man zwar muss und doch nicht kotzt!

357.

Alle Theorie ist grau!
Dieses weiß man so genau,
weil Theorie im Farbkontrast
zu grauen Zellen gar nicht passt.

358.

Ergeben zwei Halbwahrheiten
auch in guten Zeiten
mit mathematischem Glanze –
eine Ganze?

359.

Getreu der Fabel und totenblass
kämpfte ein Frosch im Butterfass.
Doch starb er trotzdem geheimnisumhüllt.
Das Fass war leider mit Wein nur gefüllt.

360.

Wenn er mal was beim Schopfe packt,
ist es gewöhnlich recht abstrakt.
Dies läge besser in der Hand,
weil es nicht so viel Gegenstand.

361.

Manch alter Hase stellt leidvoll fest:
Geblieben ist nur ein trauriger Rest.
Ab ist jeder schmückende Lack.
Statt ›alter Hase‹ blieb nur ›alter Sack‹.

362.

Ein Schwerenöter in schwerer Not
schien von noch Schwererem bedroht
als er bestellte, schwer devot,
zur Hochzeit brav ein Aufgebot.

363.

Die Wahrheit ist oft wirklich schlicht:
Zu lange Beine gibt es nicht!
Es gibt nur die famosen,
doch viel zu kurzen Hosen.

364.

Willst du gute Hörer finden
und bei ihnen Eindruck schinden,
rede mit Erfindergeist
und sage mehr, als du selbst weißt!

365.

In Ärsche, die schlecht riechen,
ist nicht hineinzukriechen.
(Wirst du jedoch gebeten,
versuch hineinzutreten!)

366.

Wem es so gefällt,
dem mag es ja nicht schrecken.
Der mag die Ärsche dieser Welt
gefälligst dann auch lecken.

367.

Standesgemäß im Himmelreiche
erscheint der Mensch zumeist als Leiche.
Zwar hoffnungsvoll und leicht devot,
doch zweifellos auch ziemlich tot.

368.

Zwei Hundehalter taten kund,
als solche bräuchten sie nen Hund.
Denn ohne Hund, seis auch ein alter,
sei man ja doch kein Hundehalter.

369.

Der Ast, an dem sie sägen
(weshalb sie auch so schwitzen)
und Böseres erwägen
sei der, auf dem sie sitzen!

370.

So manches Abenteuer
kostete ungeheuer,
wenn es ab kurz nach acht
sich zog bis Mitternacht.

371.

Alt wie ein Baum möcht ich nicht werden,
auch wenns der Dichter so beschreibt.
Alt wie ein Baum, mit Altersbeschwerden,
man mich nur ins Altenheim treibt.

372.

Ihr Leben zu erhalten
wünscht gerne man den Alten.
(Doch fragt das Publikum
bei manchem oft: Warum?)

373.

Verführt uns manchmal unser Schritt,
dass man in einen Haufen tritt,
wünschen wir uns ungemein
es mag eine Metapher sein!

374.

Wenn sich wie ein Gummiband
um das Herz es straff sich spannt,
selbst im tiefsten Schlummer,
ist es wohl Liebeskummer!

375.

Wie von Experten ich erfuhr,
zählt der Busen der Natur
in Herbst und Winter unbestritten
zu so genanten Hängetitten.

376.

Den Stein des Weisen gibt es nicht.
Es geht nicht ohne Unterricht.
Selbst wer zahlt die höchsten Preise:
Wahrheit gibts nur körnchenweise!

377.

Das Letzte aus sich rauszuholen,
gibt nicht selten uns den Rest.
Wärmstens sei darum empfohlen,
dass man es stets tief drinnen lässt.

378.

Nicht immer nur der Mensch vollbringt
das Böse, was ihm gut gelingt.
Nicht die nur machen Beute.
Das tun manchmal auch Leute!

379.

Zu unserm letzten Rendezvous
kam ich nicht, da kamst nur du.
Willst du nun – um dich zu rächen –
von Beziehungskrise sprechen?

380.

In blinder Not als Retter,
musst du bei trübem Wetter,
zum allgemeinen Nutzen,
mal Brillengläser putzen.

381.

Ungern sitzt der alte Bauer
auf seinem Gaul bei Regenschauer.
Ansonsten sei, wie er verrät,
das Tier ein nützliches Gerät.

382.

Wenn Gott die Welt verändern will,
bleibt er sich nur dann treu,
er ändert nicht, er schafft nur still
die ganze Chose neu!

383.

Oft tarnt das Böse sich,
gekonnt und meisterlich.
(Doch wirds kein Augenschmaus
und sieht kaum besser aus.)

384.

Charakter ist so schädlich nicht,
macht er uns auch nicht satt.
Doch fällt er dann kaum ins Gewicht,
wenn keinen mehr man hat.

385.

Schwer siecht sie in Agonie,
die hoch gelobte Demokratie.
Verdorrt und gequält und ab sofort
aus toter Sprache ein totes Wort.

386.

Man denke was man will,
doch ist ganz wesentlich:
man denke es ganz still
und tue es für sich.

387.

Dem ausgeblasenen Hühnerei
war Blasen ziemlich einerlei,
da meistens es nur eins bescherte:
Totalverlust der innern Werte.

388.

So manche Expertenprognose
geht häufig mit Schwung in die Hose.
Begleitet heftig von Rabatz,
denn grade dort fehlt es an Platz.

389.

Der erste Eindruck schreckt uns oft
wenn er kommt ganz unverhofft.
Und folglich wünscht man schreckensbleich,
es sei der Letzte auch zugleich.

390.

Freiheit wird oft schwer vermisst,
weil so frei Freiheit nicht ist.
Kaum leidet unter Freiheitsschranken
wer frei von eigenen Gedanken.

391.

Einen Wunsch – ich bin so frei:
Man halte nicht für Rüpelei
was für mich ein Freudenbringer –
mein gestreckter Mittelfinger!

392.

Fuchs du hast die Gans gestohlen.
Soll dich doch der Teufel holen1
Pech für dich! Dein Exemplar
eine dumme Gans nur war!

393.

Läge auf der Straße das Geld
und würde Finder beglücken,
wäre die Straße kein Wirkungsfeld!
Man müsste sich ja bücken!

394.

Gier ist immer zu vertrauen,
ist sie auch mal ungerecht
oder gar das nackte Grauen.
Immer aber ist sie echt!

395.

Sind Fäuste fest zu ballen,
vermeidet man Missfallen
und bös zu überraschen,
ballt man sie in den Taschen.

396.

Wenn wer ganz ohne Gegenwehr,
fällt die Entscheidung ja nicht schwer:
Im Falle diesen Falles,
nimmt man statt etwas – Alles!

397.

Man mag es glauben oder nicht:
Bei zwei Zentnern Lebendgewicht
wiegt man auch rund
als Leiche zweihundert Pfund.

398.

Nicht jeder Tag ist ein Glückstag
und doch kann manches glücken.
Wem je das Glück zu Füßen lag,
der muss sich auch mal bücken!

399.

Vieles hat als letzten Sinn
nur maximalen Geldgewinn.
Es gilt als höchste Qualität
Verbesserung der Bonität.

400.

Ein Großwildjäger auf der Pirsch
erlegte jüngst auch einen Hirsch.
(Zum Großwild zählt nicht: in Ekstase
vom Schlag getroffener alter Hase!)

Ein ganz normaler Monat

Der Erste

Am Ersten gibt es meistens Geld
wenn der nicht auf den Sonntag fällt.
Es gibt nicht viel, weil schon recht teuer
die Lohn- oder Einkommenssteuer.

Die zahlt man ohne Gegenwehr
und eigentlich so nebenher.
Da man nichts sieht und sie nie hatte
bezahlt man sie ohne Debatte.

Selbst wenn der Wille dazu schwach,
schweigt man doch brav, macht keinen Krach.
Sie wird, fühlt man sich auch betrogen,
stillschweigend einfach abgezogen.

Man finanziert, so denkt man brav,
Gesellschaft nun mal nicht im Schlaf.
Mit etwas Stolz sieht man die Summe.
Mit etwas Stolz ist man der Dumme.

Der Zweite

Heute gönn ich mir die Ruhe,
tue, was ich sonst nicht tue,
und gar nicht bin und unterlasse:
Ganz krank sein trotz der Krankenkasse.

Nun trotz ist nicht das rechte Wort.
Ein andres fällt mir ein sofort.
Statt trotz kommt besser wohl gelegen
das schöne deutsche Wort: deswegen.

Denn was die Krankenkasse nimmt
schon depressiv und traurig stimmt.
Leiden kann man kaum wirklich soviel.
Und doch gehört es zum Trauerspiel.

So hofft man dann, dass irgendwann
den Beitrag man abkränkeln kann.
Die Euro aber sind indessen
so ziemlich weg und fast vergessen.

Der Dritte

Ähnlich quält die Komponente,
die bekannt als Altersrente.
Von uns erpresst in fetten Raten
wie einst vom Esel die Dukaten.

Wie jenes Tier, als Dummerjan,
als ausgequetschter Veteran,
erhofft man sich später in der Not
ein wenig Gnade samt Gnadenbrot.

Bleibt man immer nett bescheiden,
muss man gar nicht so viel leiden.
Auch Älterwerden soll so bleiben
(solange wir's nicht übertreiben).

Der dritte Tag nach Lohnempfang
tut etwas weh nach Zahlungszwang.
Kaum ist man noch zu überraschen
durch fremde Hände in den Taschen.

Der Vierte

Am Vierten heute stell ich fest:
Es bleibt ja noch ein schöner Rest.
Vom großen Kuchen ein schönes Stück
bleibt zum Verprassen für mich zurück.

So beginnt, nun gut bei Kasse,
Leben endlich erster Klasse.
Ich zahle schnell nur offne Posten
und fix noch ein paar fixe Kosten

Doch dann ist gut! Es reicht ja auch!
Der Rest bleibt für den Selbstverbrauch
und nicht als Beute einer Meute,
als fetter Fraß noch fettrer Leute.

So denke ich, wohl leicht verwirrt!
(Wer manchmal denkt, auch manchmal irrt!)
Noch seh ich nicht, was eskalierte,
denn schließlich ist ja erst der Vierte.

Der Fünfte

Heut Abend amüsier ich mich,
denk ich am Fünften, königlich
und setze ein flammendes Fanal
im lange vermissten Stammlokal.

Doch zieht man dort sich ganz dezent,
wie man das eigentlich nicht kennt,
erst Mann für Mann und dann Stück um Stück
zuerst von mir, dann in sich zurück.

Das Rätsel ist recht schnell gelöst
als auch der Wirt mich von sich stößt.
Erst müsse ich mal einen geben,
weil das so sei in diesem Leben.

Und überhaupt, so fuhr er fort,
für Schnorrer sei dies hier kein Ort.
Auch seien alte Zechen offen.
Wann sei auf Ausgleich denn zu hoffen?

Der Sechste

Am Sechsten juckt was ganz famos
und darum zieh ich wieder los.
Mit großen Schritten stoße ich schnell,
weil bestens bekannt, aufs Stadtbordell.

Dort schätzt man mich weil Treue zählt.
Und weils an Manneskraft nicht fehlt.
(Und auch, weil wohl die Süßen wissen:
Nicht sie nur werden aufgerissen!)

Ich mag es auch und find es toll,
dass man hier Dur bläst und nicht Moll.
(Nur muss man sich meist ganz schön sputen
für vollen Klang in zehn Minuten).

Ansonsten ist, wenn er noch kann,
der Mann hier noch ein ganzer Mann.
Nur will im hellen Glanz er strahlen
muss er wie ich dafür bezahlen.

Der Siebte

Heute nun, nicht ohne Mühe,
steh ich auf in aller Frühe
und krame auf noch schwachen Beinen
nach erhofften größeren Scheinen.

Doch die sind hin, dank Manneskraft,
als Preis für meinen Lebenssaft.
Dank Manneskraft, kommt es in den Sinn,
sind auch die Alimente dahin.

Der Unterhalt für Frau und Kind,
die mir jüngst fortgelaufen sind,
ist – ich konnte es nicht vermeiden –
genau so weg wie diese beiden.

Das endet wieder, wie es muss:
Ihr Anwalt mahnt, die hohle Nuss,
dass wir getrennt sind wohl vom Gericht
von Tisch und Bett und Geld aber nicht.

Der Achte

Am Achten heute fällt mir ein,
das Leben kann gefährlich sein.
Und zahle sogleich mit kühnem Schwung
die Prämien meiner Versicherung.

Für Hochwasser im dritten Stock.
Für beim Skat verlorenen Bock.
Für falsch entsorgter alter Kanten
und so erschlagener Passanten.

Für Stürme, selbst im Wasserglas.
Für ausgekotzten Hundefraß.
Sogar für Frostbeulen am Hintern
und Hitzeschlag in strengen Wintern.

Für jede Art, für jeden Fall,
für alles und für überall,
bezahlen muss ich für alles was.
Es ist ohne Boden dieses Fass.

Der Neunte

Wie schön die Fahrradzeit noch war
wird mir am Neunten schmerzlich klar,
als ich den Blick im Auto neige
hinab zu meiner Tankanzeige.

Ob Super oder auch Normal,
letztlich hat keiner eine Wahl:
Man zahlt, soll weiter gehn die Reise
auch für Normal die Superpreise.

Und weil, wenns kommt, gleich alles kommt,
erinnert mich mein Fahrzeug prompt
durch Blinken einer roten Lampe:
Füll endlich Öl auf, alte Schlampe!

Zum Schluss erwacht in mir der Schuft!
Aus allen Reifen lass ich Luft
und nichts bezahl ich diesen Lumpen
um sie dann wieder aufzupumpen.

Der Zehnte

Mit Zahlungsziel und Zahlungsfrist
wird man mir heut, weil Sonntag ist,
den Zehnten doch wohl nicht verleiden.
Welch frommer Wunsch, denk ich bescheiden.

Zu fromm, stell ich auch sehr schnell fest,
für den, der sich darauf verlässt,
dass Kumpel mal (uns angemessen)
einstmals Verborgtes auch vergessen.

Mein alter Kumpel will zum Glück
erst mal die halbe Schuld zurück.
Und er verkündet ganz gelassen
diesmal Gewalt zu unterlassen.

Doch dafür will er auch mit mir
zur Kneipe runter auf ein Bier.
Und wieder leid ich Höllenqualen,
denn wer wohl soll das denn bezahlen?

Der Elfte

Ohne zu murren, brav und still
(schon weil man wohnlich wohnen will
und Miete zahlen dieses verspricht)
erfülle ich meine Mieterpflicht.

Zahle den Batzen in der Frist,
obwohls ein schöner Batzen ist.
Der Hausherr knurrt unangemessen:
„Die Mieterhöhung wohl vergessen?"

Ich lege nach, der Batzen nicht.
Der wächst nur an zum Schwergewicht.
So lasse ich mein Geld verschleppen
wie einer wohl der dümmsten Deppen.

Ganz unglaublich, doch ich schwöre,
dass ich Englein singen höre.
Später scheint, im weiteren Verlauf,
die singen nicht- die pfeifen darauf.

Der Zwölfte

Den nächsten Tag, den Zwölften nun,
beschließe ich mich auszuruhn.
Und um die Kasse mal zu schonen
ess ich zu Hause Speck mit Bohnen.

Bei diesem Tun fällt schmerzlich auf:
Natur folgt ihrem eignen Lauf.
Frisch verzehrte Speisekonserven
können verdorben ganz schön nerven.

Ehe ich es recht verstehe,
ich die Bohnen wiedersehe.
So war auch dieser Tag gelaufen
um für die Küche einzukaufen.

Die Kasse dann im Supermarkt
ist Grund für einen Herzinfarkt,
als ich zum Zahlen mich anschicke
und tapfer auf die Rechnung blicke.

Der Dreizehnte

Der Dreizehnte! Ein rotes Tuch!
Und wieder kommt böser Besuch
und mahnt, jenseits von menschlichem Maß,
Rechnungsberge für Strom und für Gas.

Die letzte Zahlung, welch ein Glück,
läge ein Jahr doch erst zurück.
Durch meinen Körper jagt ein Zucken
und ich kann nur noch hilflos gucken.

Nun sei es wohl, es tät ihm leid,
doch wirklich allerhöchste Zeit
zu zahlen bar die paar Kilowatt,
solange Cents man dafür noch hat.

Ich habe nicht! Ich zahle nicht!
Und scheine ihm der Bösewicht.
Denn ohne sich noch umzusehen
geht er mir prompt den Saft abdrehen.

Der Vierzehnte

Heut zahl ich manche Kleinigkeit
und kaum bleibt mir ein wenig Zeit
die Scheine einmal zu befühlen
und in ihnen etwas zu wühlen.

Die Kleinigkeiten sammeln sich.
Die sind da wenig zimperlich.
Sie versetzen keinen Todesstoß,
enden nicht tödlich, doch werden groß.

Und schneller noch und mit Elan
entwachsen sie dem Zahlungsplan.
Die Kleinigkeiten sind gar keine!
Die schwinden nicht! Nur meine Scheine!

Die schwinden hin – oft mysteriös.
Die schwinden hin – oft nicht seriös.
Die schwinden, es wird immer schlimmer.
Die schwinden hin, wohin auch immer.

Der Fünfzehnte

Der Fünfzehnte gehört dem Recht.
Ob das nun gut ist oder schlecht,
ich zahl, wenn auch zu meinem Leide,
fast vergessene Mahnbescheide.

Vergessen aber nur von mir!
Sind sie für mich doch Altpapier
und Werbung fast und auch Spielerei
und von Bedeutung wenig dabei.

Vollzieher doch (die vom Gericht)
sehen das Ganze wie ich nicht.
Oft fühlen sie sich als Entdecker,
und enden meist doch als Vollstrecker.

Es endet selten würdevoll.
Nicht ‚Haben‘ zählt. Es zählt das ‚Soll‘.
Stets ‚muss‘ man bei Gerichtsbeschlüssen.
Nie geht’s ums ‚Können‘, stets ums ‚Müssen‘.

Der Sechzehnte

Ein ähnlich hoher Rechnungsberg
schwemmt heute an vom Wasserwerk.
Für mich letztlich, was auch nichts bessert,
scheint's überflüssig und verwässert.

Künftig kann man bei den Preisen
nur auf dieses noch verweisen:
Hände, selbst die in fremden Taschen,
sind nur in Unschuld noch zu waschen!

Tropfen, selbst auf heißen Steinen,
Wasser, auch in eignen Beinen,
selbst Wasserköpfe (die der meisten),
kann man sich heute nicht mehr leisten.

Als Luxus ist auch anzusehn,
im Wasser bis zum Hals zu stehn.
Und –nicht einmal für Superreiche-
hinzuscheiden als Wasserleiche.

Der Siebzehnte

Heut fühl ich mich besonders leer
und gebe keinen Cent mehr her!
Kaum beschlossen, da klopfts an der Tür.
Ich zahle brav! Wer weiß schon wofür.

Das Telefon kurz darauf schrillt:
Ob ich bereit sei und gewillt
und für die Zahlung aufgeschlossen
für Schuldberatung, jüngst genossen.

Wie freundlich, denke ich dabei.
Ob ich wohl aufgeschlossen sei?
Doch überlege ich nicht weiter.
Ich bins, versprech ich seltsam heiter.

Dann zieh ich mich aufs Klo zurück.
Nur hier herrscht Ruhe und zum Glück
will hier mal niemand etwas holen.
Auch nicht die letzten meiner Kohlen.

Der Achtzehnte

Am Achtzehnten im Postfach liegt
was ganz schön schwer in Händen wiegt.
Ich öffne es mit böser Ahnung,
tatsächlich les ich: Letzte Mahnung.

‚Letzte Mahnung' klingt gefährlich,
aber auch ein wenig ehrlich.
Doch tat ich gänzlich vorurteilsfrei
die ‚Letzte' zu den vorletzten zwei.

Zahlen steht in meiner Lage
ohnehin ganz außer Frage.
Ich mustere den Stapel Papier.
Der mustert mich. Wohl als Opfertier.

Im Schuhkarton banne ich dann
den papierenen Haustyrann.
Und schiebe das Ganze, fast komplett,
ohne Erbarmen unter mein Bett.

Der Neunzehnte

Auf einer Fahrt durchs schöne Land
fahr ich ein wenig zu rasant.
Es ist zu spät als ich es dann seh
(für mich zwar nicht, jedoch für das Reh).

Wildwechsel sagt man wohl dazu.
Wild scheint es nicht, mehr Blindekuh.
Doch scheidet hin das Tier, das Taube!
Ähnlich wie vom Motor die Haube.

Die leidet unter diesem Tun.
Vor Rehen ist die nicht immun.
Auch nicht vor schmerzverzerrtem Heulen
oder kraterähnlichen Beulen.

Das Reh ist tot. Selbst vor Gericht
zahlt dieses Tier den Schaden nicht.
Die Tasche, aus der die Schuld man zieht,
wird sicher sein mein Hoheitsgebiet.

Der Zwanzigste

Glücksspiel ist nicht meine Sache.
Doch beschließe ich aus Rache
und weil ich kürzlich zuviel verlor
ein Spiel zu wagen wie nie zuvor!

Wie nie zuvor wage ich auch
etwas mehr als zum Hausgebrauch.
Setzte mutig was vorher ich lieh.
Zurückzahlen wohl kann ich es nie!

Black Jack, Poker und auch Roulette,
spiele ich nicht im Internet,
so dass die Sieger ihr Kapital
von mir einfordern nicht nur verbal.

Ich schwöre wieder Stein und Bein:
Ab heute darf das nicht mehr sein!
Im Glücksspiel nur ist zu brillieren,
wenn wir gewinnen statt verlieren!

Der Einundzwanzigste

Heut radle ich mit meinem Rad
hinaus zu unserm Hallenbad.
Zu Fuß zurück geht es dann kleinlaut,
mein Fahrrad nämlich hat man geklaut.

Ich hadere mit dem Schicksal,
beschimpfe es als asozial,
als böse, geschädigt und morbid
und reichlich Grund für ein Suizid.

Doch halt, kommt es mir in den Sinn,
ein Selbstmörder ich gar nicht bin!
Ich bin auch nicht im Delirium.
Statt mich bring ich wen anderen um!

Einen, dessen böser Wille
treibt, dass man ihn gerne kille.
Doch muss man da wohl Gott auf Erden
und Massenmörder auch noch werden.

Der Zweiundzwanzigste

Manchmal wirkt wohl böse ein Fluch.
Der Teufel selbst scheint zu Besuch.
Deutlich wird's heute (und das ist neu):
die Waschmaschine tut wasserscheu.

Anders gesagt, sie ist defekt.
Wäscht nicht als solche, sondern leckt.
Wasser entweicht ihr im hellen Strahl,
wie es der Teufel ihr wohl befahl.

Ganz klar liegt es da auf der Hand,
untragbar futsch ist ihr Zustand!
Sehr erfolgreich war der Saboteur.
Jetzt hilft mir nur noch ein Starmonteur!

Ein Starmonteur mit Stargehalt?
In Hinterhand mit Staranwalt?
Der Teufel schlug mich in die Pfanne!
Mit Hand wasch ich nun in der Wanne.

Der Dreiundzwanzigste

Es klingelt Sturm. Fast ist noch Nacht.
Ich bin vom Sturmgeläut erwacht.
In Uniformen stehen da zwei,
ganz zweifelsfrei von der Polizei.

Ob ich es sei, den man vermisst,
weil lang verstrichen schon die Frist
zu begleichen die Strafgebühren!
Drum müsse man mich nun abführen.

Sei ich sofort aber bereit
zu zahlen diese Kleinigkeit,
dann könne man das wohl verkraften
und müsse mich heut nicht verhaften.

Ich kratze, um ‚bereit‘ zu sein,
jede Münze und jeden Schein
und bezahle stolz die ‚Kleinigkeit‘
mit allergrößter Bescheidenheit.

Der Vierundzwanzigste

Pleite nun und genauso blank,
suche ich Heil bei meiner Bank,
um – wohl endlich genug gelitten –
bescheiden um Kredit zu bitten.

Sehr freundlich lächelt man mich an.
Sehr freundlich lächelt auch der Mann,
der vor mir sitzt – und keine Frage –
betroffen scheint von meiner Lage.

Es sei ja Politik der Bank
zu helfen allen– Gott sei Dank!
Und in schweren Ausnahmefällen
den Wohlstand wiederherzustellen.

Das sei bei mir auch kein Problem.
Nur verlange das Banksystem
auch ausreichende Sicherheiten.
Dürfe er mich hinausbegleiten?

Der Fünfundzwanzigste

Fünf Tage nun vor Monatsschluss
entschlossen ich wohl sagen muss:
Trotz Sitten – und auch Werteverfall,
jetzt hilft mir nur noch ein Überfall.

Den ich auch im schönsten Wahne
wie ein Profi fast schon plane.
Im Geist breche ich jedes Tabu.
Im Geist fehlt kein Equipment dazu!

Im Geiste nicht! Doch in der Tat!
Es fehlt mir wohl ein Syndikat.
Und ganz nebenbei: Raubt man autark
gehört dazu ein technischer Park.

Wie denn den noch finanzieren?
Wie denn ohne operieren?
Mir wird schlecht und ich erblasse.
Ob ich den Raub wohl heute lasse?

Der Sechsundzwanzigste

Überfallen soll man besser
nicht mit einem Taschenmesser!
Ich hab auch keines und Gott sei Dank,
es sitzt ja Mama nur auf der Bank.

Im Park zwischen alten Eichen,
such ihr Herz ich zu erweichen
und wie einer der letzten Lumpen
ganz unverschämt sie anzupumpen.

Doch gerührt hört sie mein Klagen.
In mir wächst das Unbehagen.
Nie wollte ich mit meinen Sachen
der armen Frau noch Sorgen machen.

Gerne gäbe sie von der Rente
ein paar Euro Alimente.
Nur jetzt, zurzeit, zum Monatsende,
habe sie nichts für eine Spende.

Der Siebenundzwanzigste

Solche finanziellen Zwänge
drängen, dass man sich aufhänge!
So sei mein Hängen heute eben
das letzte Tun in meinem Leben.

Nun plane ich es detailliert,
mit Weitsicht fast und routiniert.
Doch es versagt mein Galgenhumor.
Sehe ich Grinsen den Strick am Tor?

Zu endgültig mir dies erscheint.
Laut die innere Stimme weint:
Lass es sein! Was soll der Trauerzug?
Hängt denn an dir nicht schon genug?

Die Ohren waren wohl gemeint,
die dunkelrot in Scham vereint.
Und so verschob ich den Augenblick –
mein Rendezvous mit dem Galgenstrick.

Der Achtundzwanzigste

Wenn nichts mehr geht, dann fährt man mehr.
Besonders gern im Stadtverkehr.
Bequemlichkeit spielt keine Rolle.
Die Rolle spielt Fahrscheinkontrolle.

Die natürlich heute auch prompt
wie die Sintflut über mich kommt.
Ein Ticket, dass zwar ich besessen,
habe im Trubel ich vergessen.

So erkläre ich es im Kern
mit dem Kotrollausweis den Herrn.
Appelliere an sein Mitgefühl.
Der räuspert sich und lächelt nur kühl.

Und runzelt errötend die Stirn
(und sicher auch sein Spatzenhirn).
Er schreibt mich auf und wirft mich dann raus.
Gerade richtig! Am Pfandleihhaus!

Der Neunundzwanzigste

Manch Gläubiger und Nimmersatt
stolz residiert wohl in der Stadt.
Dort besuche ich einen devot.
Mein Auto steht im Halteverbot.

Das Schild ist später noch in Sicht.
Mein Auto leider ist das nicht.
Das hat man eben ganz ungeniert
wohl abgeschleppt und auch konfisziert.

Da steh ich nun ich armer Tor,
kein Auto mehr wie noch zuvor.
Wo find ich nun die Oberbösen
um heute es noch auszulösen?

Es auszulösen? Doch womit?
Mit Volumen unten im Schritt?
Statt jammern hilft da nur das eine:
Da helfen nur noch große Scheine!

Der Dreißigste

Endlich ist es heute soweit –
der letzte Tag der Leidenszeit.
Vorfreude bricht sich ihre Bahnen
und Wohlstand lässt sich schon erahnen.

Denn die Kasse klingelt morgen
und vertreibt erst mal die Sorgen.
Nun ist geschafft wieder das Schwerste
denn jedem Letzten folgt der Erste.

Der Mann im Ohr dröhnt ganz gemein:
Ein Tropfen auf dem heißen Stein!
Was dir man bezahlt ist nackter Hohn!
Mehr war da ja selbst der Judaslohn!

Ich beruhige sein Gezeter.
Trete still als Leisetreter.
Doch übersehe ich verblendet,
dass man mein Konto ja gepfändet.

Schluss ?

Am Ersten gibt es meistens Geld
wenn der nicht auf den Sonntag fällt.
Und es beginnt die nächste Runde
bis zu unserer letzten Stunde!

FSC
www.fsc.org

MIX

Papier | Fördert
gute Waldnutzung

FSC® C083411

Zeitfracht Medien GmbH
Ferdinand-Jühlke-Straße 7
99095 Erfurt, Deutschland
produktsicherheit@kolibri360.de